Garria
Maria Isabel Maragoto Maragoto

La seguridad informática integrada a la gestión de la calidad

Yamilet Mirabal Sarria
Maria Isabel Maragoto Maragoto

La seguridad informática integrada a la gestión de la calidad

Propuesta de una guía de seguridad informática con el objetivo de minimizar lo riesgos, la corrupción e ilegalidades

Editorial Académica Española

Imprint

Any brand names and product names mentioned in this book are subject to trademark, brand or patent protection and are trademarks or registered trademarks of their respective holders. The use of brand names, product names, common names, trade names, product descriptions etc. even without a particular marking in this work is in no way to be construed to mean that such names may be regarded as unrestricted in respect of trademark and brand protection legislation and could thus be used by anyone.

Cover image: www.ingimage.com

Publisher:
Editorial Académica Española
is a trademark of
International Book Market Service Ltd., member of OmniScriptum Publishing Group
17 Meldrum Street, Beau Bassin 71504, Mauritius

ISBN: 978-3-659-02927-1

Propuesta de una Guía de Seguridad Informática integrada a la Gestión de la Calidad.

RESUMEN

Con esta investigación se pretende establecer mecanismos que garanticen el adecuado funcionamiento de los sistemas de información. Esta protección puede materializarse mediante un fortalecimiento de la auditoría a las tecnologías de la información, desde la propia empresa.

La Investigación se estructuró en tres capítulos, el primero trata sobre los fundamentos teóricos del delito informático y la auditoría informática, en el Capítulo II realizamos el diagnóstico y propuesta de la guía metodológica y un tercer capítulo donde se hará la aplicación de la guía de auditoría propuesta.

Palabras claves: tecnologías de la información, delito informático, Norma ISO, guía de auditoría

INTRODUCCIÓN

La Seguridad Informática es la seguridad de la operación de los sistemas de información, que tiene como pilares fundamentales la integridad, disponibilidad y confidencialidad de la información que en ellos se procesa; integridad, en tanto la información debe ser fidedigna y completa, nadie que no sea el usuario tiene derecho a cambiarla; disponibilidad, puesto que el usuario debe tener la información en el momento en que la necesite y confidencialidad porque sin su consentimiento, nadie debe tener acceso a ella y menos a divulgarla.

Las acciones generadas por el uso indebido de la informática y las comunicaciones, pueden estar relacionadas con figuras convencionales tales como el hurto, el robo, el fraude, la estafa, el espionaje, pero al realizarse dichas acciones con el auxilio de medios informáticos se precisa, en cada caso, un reanálisis de los elementos de control de la actividad desde dentro de las organizaciones hasta afuera, es decir, un reanálisis de los escasos mecanismos y procedimientos de evaluación de la actividad de informática, proniendo guia de trabajo para la auditoría informática ,haciéndola apta para ser aplicada como método de prevención a esos actos humanos que se incrementan de forma directamente proporcional al desarrollo científico y técnico de la sociedad y tan necesarios son de disminuir.

La aplicación de esta guía conlleva un alto nivel de organización y conocimiento, donde el éxito dependerá del papel que juegue la dirección de la empresa. Con los cambios legislativos actuales, todos los trabajadores, desde el más alto dirigente hasta el trabajador de menor categoría laboral, participan en esta actividad, sin embargo, es evidente que sin una actividad de auditoría sistemática y redirigida hacia los puntos más vulnerables por objetivos de control no es posible obtener el resultado esperado.

Es por ello que se plantea como **problema a resolver:**

¿Como contribuir a la disminución del delito informático?

El **objetivo general** se basa en lo siguiente:
Diseñar una metodología para una Auditoría a las Tecnologías de la Información, adaptándose a lo establecido en la Norma ISO/IEC 17799/2007 sobre tecnología de la información.

Teniendo en cuenta lo anterior se plantea como **hipótesis**:
Si se diseña metodología para una Auditoría a las Tecnologías de la Información, adaptándose a lo establecido en la Norma Cubana ISO/IEC 17799/2007 sobre tecnología de la información; se contribuiría a la disminución del delito informático.

Para dar cumplimiento al objetivo propuesto se toman como base los siguientes objetivos específicos:

1. Fundamentar teóricamente la necesidad e importancia de la Auditoría a las Tecnologías de la Información.
2. Diseñar una Guía de Auditoría Única para la evaluación y control de las tecnologías de Información, según la Norma Cubana ISO/IEC 17799/2007.
3. Aplicación de esta Guía en la Corporación Spa.SA

Objeto de estudio: La Auditoría de la Tecnología de la Información.
Campo de Acción: Sistemas de seguridad de la información, según Norma Cubana ISO/IEC 17799/2007

Métodos aplicados:
- **Método Empírico**

El método empírico, se evidencia en la recopilación de información correspondiente a la etapa de investigación preliminar, con entrevistas y recopilación de datos a los más expertos en el tema, entre otros.

- Método Teórico

El método teórico sirve para la interpretación conceptual de los datos empíricos encontrados, para explicar los hechos respecto a las tecnologías de la información y la necesidad de elaborar una guía integral para lo auditores para profundizar en las relaciones esenciales y cualidades fundamentales de los procesos que ocurren en este.

- Método Histórico

El método histórico permite revelar la historia de la investigación a desarrollar, indagar sobre las diferentes metodologías y guías existentes para la informática analizando la trayectoria concreta de la teoría de sistemas y su condicionamiento a cada etapa de la guía definida.

- Método Lógico

Con el método lógico se realizará un estudio de los procesos lógicos de un sistema de información haciendo énfasis en los flujos correspondiente de información.

- Método Sistémico

El método sistémico se utiliza principalmente para desagregar la norma mediante la determinación de sus componentes, así como las relaciones entre ellos. De esta manera se pueden hacer las propuestas pertinentes acorde a los requerimientos del e la guía que se elabora.

Técnicas a utilizar:

- Entrevista
- Observación científica

Aporte Práctico:

Con la realización de esta investigación pretendemos:

- La elaboración una guía para una Auditoría a las Tecnologías de la Información, adaptándose a lo establecido en la Norma ISO/IEC 17799/2007 sobre tecnología de la información.garantizando así la eficiencia en el funcionamiento empresarial y una óptima toma de decisiones.

Novedad:

Teniendo en cuenta el incremento del delito informático, se trabaja por mejorar los niveles de eficacia de la actividad de informática. Es por ello, que con esta investigación, se pretende proponer un guía de auditoría informática, la cual no existe. Actualmente, se hace muy engorrosa la ejecución de este tipo de auditoría, y muy difícil y complicado el trabajo de la ejecución, sin ser especialistas en informática la mayor parte de los auditores.

Para la validez de esta investigación se espera obtener los resultados siguientes:

➢ Diseño, y aplicación por parte de todo el cuerpo de auditores de gestión cubanos, de una guía de auditoría única, adaptándose a lo establecido en la Norma Cubana ISO/IEC 17799/2007 sobre tecnología de la información

➢ Aplicar este Trabajo de Diploma como medida para la disminución del delito Económico utilizando medios Informáticos.

➢ Informe de Auditoría.

Capítulo I. Fundamentos teóricos del delito informático y la auditoría informática.

Capítulo II. Diagnóstico y propuesta de la guía

Capítulo II. Aplicación de la guía de auditoría propuesta, en la Corporación Spa.SA

CÁPITULO I. FUNDAMENTOS TEORICOS DE LA AUDITORIA INFORMATICA, VINCULADA A LAS NORMAS DE GESTION ISO PARTIENDO DE SU IMPORTANCIA Y NECESIDAD ANTE EL INCREMENTO DEL DELITO INFORMATICO.

Este capítulo tiene como objetivo realizar una investigación teórica, y establecer las consideraciones más actualizadas acerca de la Auditoría a las Tecnologías de la información, vinculándola con las Normas Cubanas de Calidad, y sobre todo como técnica insustituible en estos tiempos dentro de la gestión empresarial producto al incremento del delito informático en el mundo moderno

1.1 Los Delitos Informáticos

1.1.1 Antecedentes

Con el de cursar del tiempo, la ciencia y la técnica se han ido desarrollando cada día más y una de las pruebas más palpables de esta afirmación es el auge que alcanzan actualmente las tecnologías de la información y las comunicaciones las cuales elevan la cultura universal optimizan los canales de comunicación eliminando prácticamente las barreras de tiempo y espacio. Sin embargo, el desarrollo científico técnico alcanzado en el campo de la informática y las telecomunicaciones ha estimulado también una tendencia negativa: la comisión de conductas antisociales informáticas.

Esta incuestionable realidad unida al innegable carácter dialéctico de las técnicas y medios de control han puesto de manifiesto la impostergable necesidad de adecuarlas a las nuevas condiciones impuestas por el desarrollo informático y en nuestro criterio el primer paso es actualizar y organizar centralizadamente los preceptos legales y técnicos que regulen la actividad la cual se extiende cada día más y hace apremiante la tarea de dar solución a esta compleja problemática.

Aún en el ámbito de las tecnologías de la información y las comunicaciones, este tema mantiene su carácter territorial y en nuestro país se intenta llegar a un consenso con vistas a establecer principios que propendan a ordenar, y prevenir estas conductas incongruentes.

1.1.2 Definición y composición

Tomando como punto de partida los elementos constitutivos del delito podemos definir los delitos informáticos como acciones antijurídicas, socialmente peligrosas, directamente vinculadas al uso de las tecnologías de la información y las comunicaciones (TIC) y susceptibles de ser sancionadas penalmente, que se caracterizan por el uso indebido del sistema informático como objeto o medio para la comisión del hecho delictivo.

Inicialmente, en el mundo se identificó el delito informático como actividades criminales que en un principio se intentaron encuadrar en las figuras típicas de carácter tradicional, tales como robos o hurto, fraudes, falsificaciones, perjuicios, estafa, sabotajes, etcétera. No obstante, el uso de las tecnologías de la información trajo consigo nuevas variantes del uso indebido de las computadoras lo que propició la necesidad de su regulación jurídica.

No existe aún una definición concreta del delito informático, sin embargo no han sido pocos los expertos que se han ocupado del tema y así se han venido formulando diferentes conceptos funcionales a partir de las realidades nacionales de cada país dado el carácter territorial del derecho, se ha apuntado[1] que "no es labor fácil dar un concepto sobre delitos informáticos, en razón de que su misma denominación alude a una situación muy especial, ya que para hablar de delitos en el sentido de acciones típicas, es decir tipificadas o contempladas en textos jurídicos penales, se requiere que la expresión delitos

---

[1] Lic. Julio Téllez Valdés, especialista mexicano, Delegado Congreso Mundial de Derecho e Informática

9

informáticos esté consignada en los Códigos Penales, lo cual en nuestro país, al igual que en otros muchos no ha sido objeto de tipificación aún". Se define al delito informático en forma típica y atípica, entendiendo por la primera a " las conductas típicas, antijurídicas y culpables en que se tienen a las computadoras como instrumento o fin" y por las segundas "actitudes ilícitas en que se tienen a las computadoras como instrumento.

No es ocioso señalar que se han empleado diversos términos para denominar las conductas ilícitas en las que se usan las tecnologías de la información, entre las que se encuentran: "delitos informáticos", "delitos electrónicos", "delitos relacionados con las computadoras", "crímenes por computadora" y "delincuencia relacionada con el ordenador". También se han emitido diversos conceptos dirigidos a describir estas conductas y en todos los casos nos encontramos con dos elementos comunes: una acción antijurídica y el uso indebido de un elemento informático.

El Sujeto Activo de los Delitos Informáticos se caracteriza y a la vez se diferencia del delincuente común en sus habilidades y destrezas para el manejo de las tecnologías de la información y son consideradas personas inteligentes, audaces y motivadas, dispuestas a aceptar cualquier reto tecnológico lo cual ha provocado que para referirse a estas conductas muchos utilicen el término "delitos de cuello blanco.

El Sujeto Pasivo en este tipo de delito puede ser cualquier persona u organización privada o pública que utilice sistemas automatizados de información.

En las condiciones actuales se hace prácticamente imposible determinar el verdadero alcance de este tipo de conducta generalmente conocida como "delitos informáticos". Las causas son diversas, pero podemos mencionar algunas entre las que se encuentran las siguientes:

- Muchos de estos delitos no son descubiertos.

- No existen aún leyes que protejan a las víctimas.
- No existe una adecuada preparación para abordar el tratamiento jurídico y técnico que requiere esta novedosa situación.
- Muchas empresas no se atreven a denunciar estos hechos por temor a sus posibles consecuencias negativas.

1.1.3 Delitos informáticos con mayores incidencias.

Como parte de las acciones que se han venido tomando en el ámbito internacional para dar los primeros pasos en la compleja, pero indispensable tarea de establecer regulaciones en el uso da las TIC , las Naciones Unidas han reconocido un grupo de conductas ilícitas dentro de los llamados delitos informáticos, las que pasaremos a detallar a continuación:

- Fraudes cometidos mediante manipulación de computadoras.

Este grupo de conductas incluye la manipulación de datos de entrada y salida así como la manipulación de programas. Este es uno de los delitos más difíciles de detectar. Una de las acciones más comunes la constituye la manipulación de datos de entrada conocida también como "sustracción de datos". Su autor no requiere de conocimientos técnicos especializados para realizarla y solo tener acceso a las funciones normales de procesamiento de datos, en tanto que la manipulación de programas sí requiere que el comisar posea determinados conocimientos en informática, ya que esta acción consiste en modificar los programas existentes en el sistema de computadoras o insertar nuevos programas o rutinas.

- Falsificaciones Informáticas

En este caso puede ser como objeto o como instrumento. El primero se produce cuando se alteran datos de los documentos almacenados en forma computarizada; el segundo es cuando se utilizan las computadoras para efectuar falsificaciones de documentos comerciales. Por medio de las fotocopiadoras computarizadas en color a partir de rayos láser surgió la posibilidad de una nueva variante de falsificaciones o alteraciones fraudulentas, ya que con aquellas se pueden modificar documentos o crear documentos falsos sin tener que recurrir a un original y su calidad es tal que sólo un experto puede diferenciarlos de los documentos auténticos.

- Daños y Modificaciones de Programas y Datos computarizados.

Estos daños se refieren a los llamados sabotajes informáticos que consisten en borrar, suprimir o modificar sin autorización funciones o datos de computadora con el propósito de obstaculizar el funcionamiento normal del sistema por lo que podemos considerar que estas conductas son de carácter intencional y para alcanzar su objetivo emplean las siguientes técnicas, entre las que podemos mencionar: los virus, gusanos, bombas lógicas o cronológicas, el acceso no autorizado a servicios o sistemas, los piratas informáticos o hackers y la reproducción no autorizada de programas informáticos de protección legal.

1.1.4 Los Delitos Informáticos en el Mundo.

A partir de investigaciones encaminadas a lograr una visión lo más amplia y certera posible del tratamiento que a escala internacional se le está dando a esta nueva figura, de los debates en torno al tema en el marco del III Congreso Internacional de Derecho e Informática celebrado en Cuba a principios del mes de octubre del 2003, y con la finalidad de conocer los diversos criterios que se manejan en el mundo en torno a este tema, se ha podido constatar que existen diferentes opiniones al respecto y que el grado de protección en contra estas manifestaciones tampoco tiene el mismo alcance en cada país, sin olvidarnos de la necesidad de establecer principios generales en el ámbito internacional que sienten las pautas del camino a seguir.

12

En México, por ejemplo, la tipificación de este tipo de conductas es casi inexistente. El mexicano Hugo Leal, especialista en la materia, prefiere utilizar actualmente el término de "evento antisocial" relacionado con la informática para definir aquellos actos ilícitos particularmente graves que hacen uso de las computadoras (elementos tangibles o hardware), sistemas y programas informáticos (elementos intangibles o software) o que buscan provocar en estos o en información sensible un resultado de lesión o peligro partiendo del hecho de que para que se configure una acción delictiva deben estar presentes dos presupuestos: a) Que la conducta constitutiva del mismo esté tipificada por la ley; y b) Que medie una sentencia condenatoria en la cual se pruebe concretamente una conducta ilegal constitutiva de delito informático, formalidades que para el tipo de conducta que nos ocupa no están dadas aún en México ni en muchos otros países del mundo.

En Brasil, la situación del Derecho Penal Informático no se diferencia mucho de la de México. La Parte Especial del Código Penal de ese país data de 1940 por lo que las normativas vigentes solo pueden aplicarse a aquellas conductas que encuadren con las figuras tipificadas en el mencionado cuerpo legal. Aquí, en su mayoría, los legisladores se han limitado a tipificar aquellas conductas dirigidas específicamente a la "piratería" de los software como violaciones flagrantes a los derechos de autor[2] como lo demuestran los artículos 35 y 37 de la ley 7646 de 18 de diciembre de 1987 que establecen : "articulo 35 Violar derechos de autor de programas de ordenador Pena : Detención,6(seis)meses a 2(dos) años y multa." (protege los derechos de autor).Articulo 37-Importar, exportar, mantener en deposito ,para fines de comercialización, programas de ordenador de origen externo no registrados: Pena: Detención ,de 1(un)año a 4(cuatro) años y multa."(Tipifica el contrabando informático).

---

[2] Artículos 35 y 37 de la Ley 7646 de 18 de diciembre de 1987

Por lo que el control Informático en Brasil también resulta insuficiente ante el auge que han alcanzado las conductas socialmente peligrosas en las TIC. Sin embargo en la actualidad los avances .mas notarios en este tema se manifiestan en los Estados Unidos con el acta de comunicaciones electrónicas privadas de 1986 y en España con la ley orgánica para la regulación del tratamiento Automatizado de Datos y más recientemente el código penal español.

1.1.5. Los Delitos Informáticos en la Legislación Penal Cubana.

En la legislación penal cubana no contamos aún con las figuras que tipifiquen de modo particular las conductas conocidas como delitos informáticos[3] por lo que a la hora de juzgar estos hechos como delictivos, los Tribunales se ven obligados a adecuar estas acciones a aquellas similares que aparecen tipificadas en nuestro Código Penal.

Hasta el momento, en Cuba se han venido promulgando algunos textos legales que sin ser penales, establecen determinadas regulaciones dirigidas a garantizar la Seguridad Informática. En Noviembre de 1996, entró en vigor el Reglamento de Seguridad Informática emitido por Ministerio del Interior el cual establece la obligación por parte de todos los Organismos de la Administración Central del Estado de analizar, elaborar y poner en práctica el "Plan de Seguridad Informática y Contingencia". Por esa misma fecha el entonces Ministerio de la Industria Hidromecánica y la Electrónica, actual Ministerio de la Industria Hidromecánica, dictó el Reglamento sobre la Protección y Seguridad Técnica de los sistemas informáticos.

Por el desarrollo y vulnerabilidad que actualmente han alcanzado las TIC, la auditoría a los sistemas y tecnologías de la información se ha convertido en una herramienta vital para garantizar el cumplimiento de los controles internos en

---

[3] Zavaro Babari, León y Maitines García, Cerafino: Auditoria Informática. Consultoría Jurídica Internacional. Cuba

todas las entidades del país que utilicen sistemas informáticos y su ciclo de revisión comprende: la administración de la seguridad de la red, la seguridad de las comunicaciones, la seguridad de las aplicaciones y la seguridad física.

La existencia de normas legalmente establecidas que regulen el funcionamiento y control de las TIC y su seguridad requieren de manera ineludible de técnicas y procedimientos de control y evaluación que complementen el ordenamiento jurídico y establezcan sanciones que permitan enfrentar la comisión de conductas que violen la Seguridad Informática.

Se defiende el criterio que la auditoria Informática en el mundo, aún es incipiente a escala mundial. Y, en el caso de Cuba la vía más adecuada para enfrentar estas conductas es la revisión de las acciones más convencionales previstas en materia de Seguridad Informática y atemperar su formulación a las nuevas condiciones en que puede materializarse la acción a través de medios informáticos y en los casos en que esto no sea posible, agruparlas dentro de un nuevo Título dedicado a tutelar como bien jurídico la Seguridad Informática. [4]

La activa participación de más de doscientos delegados de todo el mundo en el Todo lo anteriormente expuesto pone de manifiesto la imperiosa necesidad y el enorme interés a escala internacional de aunar esfuerzos para crear bases comunes en función de un ordenamiento de la seguridad informática dirigido no solo a sancionar aquellas actitudes negativas socialmente peligrosas relacionadas con el uso inadecuado de la informática sino también y, de modo muy especial, encaminado a garantizar que las Tecnologías de la Información y las Comunicaciones se pongan al servicio del desarrollo científico- técnico y cultural en favor de la humanidad.

---

[4] http://www.informatica-juridica.com/ Arregoitía López, Siura L. – "Protección contra los delitos informáticos

1.2. Auditoría

1.2.1 La Auditoría, definición e importancia.

La Auditoría es una rama que ha permanecido en constante evolución por lo que se le ha asignado diferentes definiciones por los más diversos autores, considerándose entre otros criterios citado por Carmona, Mayra[5] "es el examen profesional, objetivo e independiente, de las operaciones financiera y/o Administrativas, que se realiza con posterioridad a su ejecución en las entidades públicas o privadas y cuyo producto final es un informe conteniendo opinión sobre la información financiera y/o administrativa auditada, así como conclusiones y recomendaciones tendientes a promover la economía, eficiencia y eficacia de la gestión empresarial o gerencial, sin perjuicio de verificar el cumplimiento de las leyes y regulaciones aplicables".[6]

Del concepto se aprecian los siguientes elementos principales:

1. Es un examen profesional, objetivo e independiente
2. De las operaciones financieras y/o Administrativas
3. Se realiza con posterioridad a su ejecución.
4. El producto final es un informe
5. Conclusiones y recomendaciones
6. Promover la economía, eficiencia y eficacia

Según el Decreto- Ley 159 de la Auditoría de 8 de junio de 1995; la define como el " **proceso sistemático que consiste en obtener y evaluar objetivamente evidencias sobre las afirmaciones relativas a los actos o eventos de**

---

[5] Carmona, Mayra, Tesis de Doctorado "La Auditoría Interna de Gestión, aspectos teóricos, El caso particular   cubano", UPR.
[6] Cordovés Rodríguez, Enrique, "La prevención en los delitos informáticos" Ponencia. II taller Informática, 2002, 25p..

carácter económico-administrativo, con el fin de determinar el grado de correspondencia entre esas afirmaciones y los criterios establecidos, para luego comunicar los resultados a las personas interesadas, se práctica por profesionales calificados e independientes, de conformidad con las normas y procedimientos técnicos."

1.3 Elementos generales sobre la Auditoría Interna

Concepto de Auditoría Interna

La Auditoría Interna es aquella que se practica como instrumento de la propia administración encargada de la valoración independiente de sus actividades.

La Auditoría Interna debe funcionar como una actividad concebida para agregar valor y mejorar las operaciones de una organización, así como contribuir al cumplimiento de sus objetivos y metas, aportando un enfoque sistemático y disciplinado para evaluar y mejorar la eficacia de los procesos de gestión de riesgos, control y dirección.

1.3.1 Los servicios de Auditoría Interna

Los servicios de Auditoría Interna comprenden la evaluación objetiva de las evidencias, para proporcionar una conclusión independiente que permitirá que el auditor califique el cumplimiento de las políticas, reglamentaciones, normas, disposiciones jurídicas u otros requerimientos legales, respecto a un proceso, subproceso, actividad, tarea u otro asunto en particular de la organización a la cual pertenecen.

Los servicios de consultoría estarán definidos por requisitos específicos de la organización los cuales implican mejoras, modificaciones o cambios en los sistemas, procesos, sub-procesos, actividades, tareas o funciones a partir de las necesidades que tenga la institución o como resultado de las recomendaciones efectuadas.

Estos servicios que prestan los auditores internos se clasifican como sigue:

• Auditoría de gestión u operacional.
• Auditoría financiera o de estados financieros.
• Auditoría de cumplimiento.
• Auditoría de tecnologías de información.
• Auditoría de seguimiento o recurrente.
• Auditoría especial.

1.3.2 Clasificación de la Auditoría[7]

"Auditoría" implica la revisión, la búsqueda de deficiencias, por lo general en el área económico-financiera de una organización; pero también la emisión de sugerencias, de recomendaciones técnicas para eliminar o reducir esas deficiencias. El auditor siempre ha sido un elemento decisivo en la protección de los activos de la entidad y en el perfeccionamiento de la gerencia de la misma.

Dentro de esa auditoría "tradicional"[8], se encuentran algunos tipos diferentes, los cuales se exponen a continuación:

• **Por la entidad a la que pertenece el auditor:**

   • Externa:

      o Estatal,

      o Independiente,

      o Gubernamental,

      o Internacional.

   • –Interna

      • **Por sus objetivos:**

         o De gestión u operativa

---

[7] Consejo de Estado, Decreto Ley – 159.1995.
[8] Lázaro J. Blanco Encinosa, La Habana, Octubre de 2001

- o Financiera.
- o Fiscal.
- o Por subsistemas o temática

Pero la vida ha hecho trascender a la actividad de Auditoría a otros ámbitos de trabajo, por ejemplo:
- o Ambiental.
- o Médica.
- o Gerencial.
- o De calidad.
- o Informacional.
- o Informática.
- o A construcciones.
- o Otros.

En otras palabras, hoy se acepta el término para cualquier actividad que implique revisión, evaluación, análisis, estudio, exposición de deficiencias y propuesta de medidas para solucionar o eliminar las mismas.

En muchos casos, las fronteras entre los tipos de auditoría no están bien definidas. Por ejemplo, una auditoría operativa o de gestión implica evaluar la misión y los objetivos de las entidades, sus estructuras organizativas, los niveles de dirección y toma de decisiones, las informaciones que se utilizan para esas decisiones y para su control, las funciones que se desarrollan a cada nivel, los deberes y derechos de cada cargo en esa estructura organizativa y las informaciones que fluyen en el sistema y se utilizan por esos cargos para realizar sus tareas y cumplir con sus funciones. La Auditoría Informática aborda también esos aspectos, por cuanto se ocupa de analizar qué información requiere el sistema de dirección y control de la entidad para desarrollar su actividad normalmente, de cuál información dispone y cómo utiliza la que posee.

1.4 Auditoría Informática

1.4.1 Antecedentes. Su importancia y necesidad.

La forma manual de procesamiento de datos y manejo de información ha sufrido una acelerada evolución hacia nuevas formas tecnológicas hasta lo que son hoy las redes de computación e Internet.

Cualquier auditoría que se acometa en los tiempos actuales debe enfrentar el gran reto de la automatización de las principales actividades de la entidad, es por ello la necesidad de la especialización informática dentro de la auditoría; que permita valorar la confiabilidad de la información procesada, el cumplimiento de lo establecido y el entorno de control en que se explotan estas aplicaciones.

Las entidades realizan gran volumen de sus operaciones haciendo uso de tecnologías de la información, lo que hace necesario evaluar los procesos o sus resultados para determinar la validez, integridad, confiabilidad y oportunidad de la información procesada.

La Auditoría a las Tecnologías de la Información al igual que todas la auditorías, requiere de independencia, hallazgos y evidencias. Se inicia con el establecimiento de objetivos y se basa en normas, métodos y procedimientos. Su alcance comprende los recursos informáticos, la información y los controles; por tanto la Auditoría a las Tecnologías de la Información es considerada una auditoría específica de la actividad de informática pero también sirve de complemento al resto de las auditorías, dictaminando sobre la validez, integridad, confiabilidad y oportunidad de la información.

1.4.2 Definición y objetivos.

La auditoría informática o a las tecnologías de la información es el examen objetivo, critico, sistemático y selectivo de las políticas, normas, prácticas, procedimientos y procesos para dictaminar respecto a la economía, eficiencia y eficacia de la utilización de las tecnologías de la información; la integridad, confiabilidad, oportunidad y validez de la información y la efectividad de los controles en las áreas, las aplicaciones, los sistemas de redes u otros vinculados al desarrollo de la información.[9]

La Auditoría a las Tecnologías de la Información no cambia la función de la auditoría, ni tampoco la condición y cualidades de auditor. Un elemento clave para planificar una auditoría a las tecnologías de la información es traducir los objetivos básicos a objetivos específicos; ellos pueden enmarcarse en los siguientes puntos:

- Que se cumplan las políticas, normas y procedimientos que rigen esta actividad.
- Que se compruebe la seguridad de los recursos (personales, datos, equipamiento y software).
- Que se garantice, que la información que se procese sea confiable.
- Que se verifique el grado de privacidad del ambiente informático.
- Presentación de un informe para dar a conocer los resultados y recomendaciones.

Los auditores de Tecnologías de la Información tienen las mismas responsabilidades y funciones del resto de los especialistas que participan en la auditoría, así como deben la misma observancia a las normas de auditorías y demás regulaciones establecidas.

1.4.3 Características específicas del auditor de Tecnologías de la

---

[9] Manual de Auditoría del MAC, Tomo II, Capítulo VII, Documento 1.

Información

El auditor

- Debe desarrollar habilidades para reflejar las deficiencias en el informe de forma clara y entendible por personal que en ocasiones no estén especializado en la actividad informática.

- Tener conocimiento sobre Sistemas de Información automatizados, sobre la política de inversión en recursos informáticos, sobre análisis de riesgos, diseño de sistemas de control interno y seguridad informática.

- Poseer experiencia en análisis de sistemas, bases de datos, redes y conocimientos elementales de administración y contabilidad.

El auditor de Tecnologías de la Información tiene que tener presente la labor de los otros especialistas que intervienen en el trabajo y con los cuales esta estrechamente vinculado en todas las etapas de la auditoría.

1.4.4 Etapas de la Auditoría a las Tecnologías de la Información[10]

En general las etapas de la Auditoría a las Tecnologías de la Información son las mismas que en las auditorías convencionales y dentro de ellas se realiza similar trabajo.

ETAPAS

Exploración: El auditor de Tecnologías de la Información antes de ejecutar la auditoría debe conocer la entidad, por lo que se puede servir de la exploración realizada por el jefe de grupo u otro.

Además, debe precisar el grado de automatización y el nivel de actualización tecnológica, enfatizando en:

1. Políticas y normas informáticas.

2. Programa de informatización de la entidad.

---

[10] Manual de Auditoría del MAC, Tomo II, Capítulo VII, Documento 2.

3. Esquema y ubicación de las áreas automatizadas y su personal.

4. Nivel tecnológico alcanzado y planes de informatización.

5. Inventario de recursos informáticos.

6. Documentación de sistemas, planes de trabajo y plan de seguridad.

Planeamiento: Una vez concluida la exploración y teniendo en cuenta la naturaleza de la actividad informática, así como, las condiciones específicas de la entidad, se elabora el plan de trabajo a desarrollar.

En este plan se establecen las tareas a ejecutar por cada especialista, las que se deben controlar sistemáticamente.

Ejecución: Es la etapa en la cual se ejecuta el trabajo de acuerdo con el alcance y objetivos previstos, siguiendo los programas de auditoría a las Tecnologías de la Información que hayan decidido utilizar, lo que permite el logro de hallazgos que soporten los resultados del trabajo.

Como parte de la ejecución, se desarrolla la tarea de revisar, comprobar y controlar el cumplimiento de normas, procedimientos y demás regulaciones vinculadas con la informática, entre las que se destacan la seguridad informática y planes de contingencia, todo ello dirigido a alcanzar un elevado nivel de eficacia en el trabajo de auditoría que se ejecuta.

Informe: Los informes con los resultados de las auditorías vinculadas con las Tecnologías de la Información deben seguir lo establecido para el resto de los informes de auditoría.

Asimismo, en el transcurso de la auditoría se deben ir analizando con los jefes de las áreas correspondientes los resultados que se vayan obteniendo, utilizando, en cada caso, la proforma No. 14 "Acta de Notificación de los Resultados de Auditoría".

Los resultados finales se deben analizar, distribuir y archivar de acuerdo con lo normado en el mencionado.

El Auditor de Tecnologías de Información debe observar todas las regulaciones que con carácter general se establecen, tales como: supervisión, ética, papeles de trabajo, informes parciales y finales, distribución, archivo, evaluación.

Existen varios criterios que pueden aplicarse para la determinación de los permisos de acceso:

Identificación.

- Roles (como programador, líder de proyecto, administrador del sistema, etc.).
- Ubicación.
- Horario.
- Transacciones.
- Segregación de funciones.
- Modalidad de acceso.

Existen varios métodos para proveer control de acceso local y remoto, los que se diferencian significativamente en términos de precisión, sofisticación y costo. Estos métodos no son excluyentes y usualmente se utilizan en forma combinada.

Controles de acceso interno

- Palabra clave.
- Encriptación.
- Listas de control de acceso.
- Límites sobre la interfase de usuario.
- Etiquetas de seguridad.

Controles de acceso externo

- Dispositivos de control de puertos.
- "Firewalls" o puertas de seguridad.

Administración de los controles de acceso

Una vez establecidos el control de acceso sobre sistemas y aplicaciones, es necesario realizar una eficiente administración de la seguridad lógica, lo que involucra la implementación, seguimiento, pruebas y modificación sobre el acceso de los usuarios a los sistemas.

Existen tres enfoques básicos para realizar la administración del control de acceso:

Administración centralizada: Existe una función responsable de configurar el control de acceso.

Administración descentralizada: En este caso los usuarios de los medios informáticos controlan el acceso directamente.

Administración híbrida: Combina la administración centralizada y descentralizada.

1.4.5 Técnicas de Auditorías a las Tecnologías de la Información

Es esencial dominar la diferencia de concepto entre prueba de cumplimiento y prueba sustantiva.

Las **pruebas de cumplimiento** dicen cuando un control prescrito por procedimientos o normas está funcionando o no. Permite conocer la aplicación de leyes y reglamentos y el conocimiento por parte de especialistas y usuarios de las políticas a aplicar en el ambiente informático.

Las **pruebas sustantivas** están dirigidas a cuantificar errores y verificar la calidad e integridad de la información. Una de las herramientas más útiles para realizar tanto pruebas de cumplimiento como sustantivas son las Técnicas de Auditorías Asistida por Computadora (TAAC).

Las computadoras personales del tipo notebook sirven como instrumento para que el auditor pueda realizar las pruebas a los sistemas de la entidad auditada causando menos molestias y logrando mayor independencia; debido a que se pueden transferir a ella los ficheros almacenados en la computadora del auditado y aplicar las TAAC.

Definición, importancia y ventajas de las técnicas de auditoría asistida por computadora (TAAC).

Las TAAC son técnicas de auditoría orientadas a la ejecución de pruebas computarizadas sobre los datos, las aplicaciones, los equipos y programas del auditado. Dan la posibilidad de seleccionar y procesar la información de forma automatizada para propósitos de auditoría.

Estas técnicas permiten:

- Transferir la información de la computadora del auditado a la del auditor.
- Hacer búsquedas de información, la cual cumpla ciertos criterios.
- Utilizar los datos seleccionados para cálculos y comparaciones.
- Analizar muestras aleatorias a través de algoritmos estadísticos ya elaborados.
- Generar listados con formatos diferentes.
- Crear gráficos de barras u otro a partir de los datos obtenidos.
- Realizar diagramas de flujo u otro tipo.

Ventajas de las TAAC

- Cobertura más amplia y coherente de la auditoría.
- Mayor disponibilidad de información.
- Mayor identificación de excepciones.
- Mayores oportunidades de cuantificar las debilidades de control interno.
- Mayor independencia respecto al auditado.
- Reducir el nivel de riesgo de auditoría.
- Mayor muestreo y ahorro de tiempo.

Herramientas necesarias para la auditoría

Para obtener información:

Cuestionarios: Conjunto de preguntas acerca de un sistema, se usa para documentar el sistema, pero asiste al auditor cuando recopila información. Un cuestionario preimpreso que establezca los controles posibles es una guía muy útil.

Diagramas de flujos analíticos de auditoría: Identifica todo el procesamiento manual y automatizado en una aplicación. Muestra todos los archivos y transacciones sujetos a procesamiento, quien lleva el procesamiento y que es lo que hace.

Entrevistas: Proporciona detalles de los procedimientos y controles. Puede servir para esclarecer muchas dudas, pero generalmente debe estar acompañado de otras técnicas a la hora de describir sistemas amplios, ya que pueden ser omitidas relaciones importantes entre los controles.

Herramientas para verificar los controles

Evaluación de un sistema mediante un caso básico: Incluye la prueba de todas las posibilidades del sistema, mediante la simulación a escala reducida del área automatizada. Esta prueba es diseñada por los futuros usuarios de la aplicación, con la supervisión y participación de los auditores informáticos.

Revisión y evaluación de los resultados en paralelo: El auditor revisa y comprueba los resultados, tanto los específicamente técnicos (procesos de recuperación, etc.) como los datos procesados (listados, cuadres, etc.) de un sistema de prueba, llamado comúnmente "paralelo". Esto se mantiene así en paralelo con el sistema anterior durante un período de tiempo determinado hasta tener la certeza que los resultados del nuevo sistema son adecuados y por tanto esta listo para sustituir al anterior.

Revisión de las pistas de auditoría: Todo sistema debe dejar pista de quién y cuándo realizó una determinada modificación, tanto, sea de datos significativos, como de programas o software básico. Estas pistas de auditoría pueden ser posteriormente listadas y revisadas por el auditor, para evaluar la validez y la correcta realización de las modificaciones.

Revisión de los sistemas de seguridad: La protección de los recursos informáticos, en definitiva de la información de una institución a través del control de los accesos a los mismos, es también una parte muy importante de la auditoría informática. Los auditores revisan el tipo de sistema de seguridad utilizado, su fiabilidad (encriptación de claves, tipos de accesos permitidos, etc.), sus dictámenes sobre situaciones anormales o intentos de violación del sistema y posibilidades similares. El estudio abarca también la protección de redes.

Evaluación del ciclo de vida de una aplicación: Este método permite evaluar la validez, efectividad y oportunidad de una aplicación, y además la existencia de aquellos elementos básicos que aseguren su funcionamiento, mantenimiento o ampliación futura, de acuerdo a las necesidades de los usuarios y la organización.

Revisión y evaluación de tareas de control de calidad: Ya que dentro de las tareas independientes de una organización, no se incluyen aquellas relativas a controles cotidianos o periódicos sobre una instalación, el auditor debe identificarse y evaluar este tipo de tarea técnica que se realicen de acuerdo a una frecuencia establecida. Uno de los aspectos fundamentales es la supervisión de la lógica de la programación sensitiva y de riesgos.

Revisión de opciones técnicas en el software básico: A través de la información proporcionada por los proveedores, ya sea directamente o mediante manuales técnicos, el auditor revisa las opciones técnicas o procedimientos de instalación del software básico para asegurarse que no existe ninguna posibilidad de fallas significativas o la utilización de los medios técnicos en desacuerdo con las normas de control.

Programas de auditoría hechos a la medida y módulos integrados.

Software o paquetes generales de auditoría: Su propósito es auxiliar en la consulta y los cálculos en la auditoría.

Utilización de pistas de auditoría: Una forma de pista de auditoría la constituyen los registros de las actividades de los sistemas y de los usuarios. Conjuntamente con las herramientas y procedimientos adecuados, las pistas de auditoría ayudan en la detección de violaciones a la seguridad y deficiencias en las aplicaciones

1.4.6 Consideraciones sobre la auditoría informática.

Con todo lo argumentado queda claro la necesidad de un reordenamiento de la auditoria informática ,así como la imprescindible toma de conciencia y seriedad en esta actividad de control dirigida a una esfera que cada día toma más fuerza y se nos va de las manos por lo centralizado de su funcionamiento, consideramos que se hace necesario normalizar a todos los niveles esta actividad ,con una guía única de auditoría que al mismo tiempo sirva de guía de trabajo para los especialistas en las empresa y para los usuarios de las TIC con el objetivo de maximizar la efectividad en la información y del uso de la técnica de información, además de reducir al mínimo, la interferencia desde o hacia ,el proceso de auditoría, establecimiento controles para salvaguardar los sistemas en producción y las herramientas de auditoría durante las auditorias informáticas.

1.5 Normas ISO

La ISO (International standarization organization) es la entidad internacional encargada de favorecer la normalización en el mundo .Con sede en Ginebra, es una federación de organismos nacionales, estos a su vez, son oficinas de normalización que actúan de delgadas en cada país, como por ejemplo:

AENOR en Español, AFNOR en Francia, DIN en Alemania, etc. Con comités técnicos que llevan a términos las normas .Se creó para dar más eficacia a las normas nacionales.

.La Oficina Nacional de Normalización (NC).es el organismo nacional de Normalización de la República de Cuba y representan al país ante las organizaciones internacionales y regionales de normalización. La elaboración de las Normas Cubanas y otros documentos normativos relacionados, se realiza generalmente a través de los Comités Técnicos de normalización .Su aprobación es competencia de la Oficina Nacional de Normalización y se basa en las evidencias del consenso. La OSI (organización Internacional de Normalización)y la IEC (Comisión Electrotécnica Internacional) forman el sistema especializado para la normalización internacional .los organismos nacionales que son miembros de la ISO o la participan en el desarrollo de las Normas Internacionales a través de Comités técnicos establecidos por la respectiva organización para ocuparse de campos específicos de la actividad técnica .Los comités técnicos de la ISO y la IEC colaboran en campos de interés mutuo .Otras organizaciones   internacionales ,gubernamentales ,en colaboración con la ISO y la IEC, también toman parte en el trabajo. Las normas internacionales se elaboran de acuerdo con las reglas dadas en las Directivas ISO/IEC .

En el campo de las Tecnologías de la información, la ISO y la IEC han establecido un comité técnico conjunto, ISO/IEC JTC, los Proyectos de normas internacionales adoptados por el Comité Técnico conjunto son circulados a los organismos nacionales para su votación: La publicación de estos, como una Norma Internacional, requiere la aprobación de al menos un 75% de los organismos nacionales que ejerzan el voto. Se llama la atención sobre la posibilidad de algunos de los elementos de esta norma internacional puedan estar sujeto a derechos de patente .La ISO y la IEC no son responsables de la identificación alguno o todos de esos de esos derechos de patente. La Norma Internacional ISO/IEC 17799 fue preparada por el Comité Técnico conjunto ISO/IEC JTC 1, Tecnologías de la información, Subcomité Sc 27 Técnicas de seguridad.

CAPITULO II GUIA METODOLOGICA DE AUDITORIA A LAS TECNOLOGIAS DE LA INFOMACION, EN LA UNIDAD DE INVESTIGACIONES APLICADAS A LA CONSTRUCCION DE PINAR DEL RIO.

El contenido de este capítulo tiene como objetivos, primero realizar un diagnóstico de la situación actual de la Unidad de Investigaciones Aplicadas para la Construcción de Pinar del Río para constatar la actualidad del problema planteado y en segundo lugar la propuesta de una guía de auditoría informática, tomando como punto de partida la actuación del auditor frente a la ocurrencia de delitos, estrategias para evitarlos, recomendaciones adecuadas y conocimientos requeridos, en fin una serie de elementos que definen de manera inequívoca el aporte que la actividad de auditoría brinda en la detección y prevención de los casos de delitos informáticos.

2.1 Diagnóstico a la Corporación ¨Spa¨.SA

2.1.1 Métodos para el diagnóstico:

Como parte de la presente investigación, se realiza un diagnóstico, cuyo objetivo fue reconocer la existencia del problema y sus relaciones causales.
La metodología utilizada en el diagnóstico constó de las siguientes etapas:

1. Determinación de las necesidades de información.
2. Definición de las fuentes de información.
3. Diseño de formatos para la captación de información.
4. Diseño de la muestra.
5. Captación de los datos, análisis y procesamiento de la información.
6. Presentación del informe.

El diagnóstico constituye un instrumento esencial en la investigación, permitiendo conocer la situación actual de la entidad y la dinámica de su posible desarrollo, por lo que permite reflejar los aspectos negativos o positivos existentes, en cuanto a la situación que presenta relacionada con la seguridad y gestión de las tecnologías de la información y con ello constatar la vigencia del problema científico tratado.

El proceso de diagnóstico se desarrolló en todas las áreas y estructuras de la corporación, empleando para ello el método empírico de la observación científica a través de la formulación de encuestas, entrevistas e inspección directa de las áreas físicas, así como el análisis de documentos que avalen la información necesaria, se tienen en cuenta además la categoría del personal de cada área de trabajo y el trabajo en grupo. El método empírico de la medición, se utiliza mediante las técnicas estadísticas descriptivas. También se aplican los Métodos Teóricos con sus correspondientes procedimientos. Más adelante se detalla, en cada caso, su selección, aplicación y resultados.

Partiendo de lo antes expuesto, las autoras identificamos como necesidades de información para el diagnóstico, las siguientes:

- Estructura por áreas y sus objetivos estratégicos.
- Comportamiento de la actividad de seguridad y gestión de las tecnologías de la información
- Si existe un programa de seguridad integral en la entidad.
- Los planes de prevención y las medidas de seguridad de las áreas.
- La cultura de la organización favorece al desarrollo de la informática.
- El estado físico y técnico de las instalaciones y equipos.
- Nivel de capacitación de los trabajadores para enfrentar a lo que se expone.
- Grado de conciencia por parte de los directivos para la ejecución de la tarea que le será asignada en la gestión de información.

Para cumplimentar los objetivos, del diagnóstico se han utilizado como fuentes de información básica, las siguientes:

a. Las fuentes primarias consideradas como:
- Entrevistas a expertos y directivos.
- Encuestas aplicadas a dirigentes, técnicos y obreros.

b. Las fuentes secundarias son de dos tipos:
- Revisión de documentos existentes en la empresa referidos al tema a investigar.
- Observación o inspección de campo.

2.1.2 Resultados del diagnóstico realizado:

A continuación se exponen los aspectos o resultados más relevantes por el empleo de los métodos y técnicas seleccionados para el diagnóstico:

Resultados de las entrevistas a expertos y dirigentes.

Las entrevistas se efectuaron a 24 personas, entre especialistas y todos los dirigentes (9) de los diferentes niveles y áreas. Los especialistas fueron seleccionados a partir de la experiencia y calificación que los convierte en especialistas y además incluyendo a Especialistas en Ciencias Informáticas y al Responsable de Seguridad Informática que son los que tienen dentro de sus funciones, controlar la aplicación de la resolución 127 del 2007 de sobre la seguridad de la información.

A continuación se muestran los resultados de las preguntas realizadas en   la entrevista a los especialistas y dirigentes entrevistados:

- El 100% de los directivos conoce sobre existencia de la Resolución 127 / 07, del reglamento de seguridad informática, el 100% sabe del Plan de Seguridad Informática.
- Al 100 % de los directivos les preocupa el cúmulo de responsabilidades que tiene el informático, violándose lo establecido.
- Al 100 % coinciden en un mal funcionamiento de la red de transmisión de datos, sin contar con una explicación objetiva de la situación.

- Un 56 % de los directivos reconocieron que en ocasiones se accede a los bienes informáticos sin la autorización expresa del jefe facultado
- Un 98 % considera que los mecanismos establecidos contribuyen a la seguridad de la información.
- Un 86 % considera que existen dificultades con la actualización y seguridad de las salvas de la información.
- El 100 % reconoce que la Empresa se expone a amenazas de seguridad sobre las tecnologías de la información.
- El 85 % desconoce que exista en la empresa el levantamiento de riesgos informáticos.
- El 61 % reconoce que los trabajadores están capacitados para enfrentar los riesgos a los que se expone.
- El 100 % reconoce que existen algunos documentos que regulen y supervisen el sistema de seguridad informática de la corporación, pero no se trabaja con ellos.
- El 100 % no reconoce el impacto que tienen las tecnologías de la información para lograr los objetivos de la corporación.
- El 100 % de los directivos coincide que no existe ninguna persona, ni en la empresa, ni en las unidades, capaz de evaluar objetivamente y de forma completa la gestión de la actividad de informática, por no contar con un documento que abarque las tantas aristas de esta actividad.

Resultados de las encuestas a especialistas y operarios.

La encuesta tiene como objetivo conocer información y criterios relacionado con la seguridad informática en cada una de las áreas y las posibilidades de su evaluación y control Para la realización de las encuestas se seleccionó al azar una muestra entre especialistas y técnicos vinculados de alguna forma al uso de las tecnologías de la información por las áreas, alcanzando la cifra de 25 especialistas y 11 técnicos.

En la encuesta aplicada debe señalarse que el 75 % de los encuestados respondieron el total de las preguntas realizadas demostrando que aproximadamente un 25 % de los trabajadores no tienen un conocimiento sobre el tema.

Un número considerable de las respuestas a las preguntas realizadas denotan desconocimiento de las técnicas de seguridad, sobre todo en el trabajo en la red de transmisiones internas de datos. Es importante señalar que la mayoría de los trabajadores encuestados reconocen la existencia políticas de seguridad y controles informáticos en todos los procesos analizados, sobre todo los que tienen que ver con la protección contra virus informáticos, movimientos y de activos informáticos, niveles de acceso, entre otros. La mayoría también reconoce la existencia de diferentes procedimientos de trabajo como son el de salvas, mantenimiento y reparación, uso del correo electrónico y el servicio de mensajería etc. Por otro lado aunque existen políticas de seguridad, los técnicos sobre todo desconocen la existencia de procedimientos de trabajo y seguridad en la red, y desconocen también los mecanismos para comunicar incidentes de seguridad en la empresa en general, y en la unidad en particular.

El análisis documental realizado con el propósito de evaluar todas las regulaciones y disposiciones vigentes sobre los sistemas de seguridad informática, planes de prevención, normas de calidad y expediente de la unidad, entre otros, arrojó los siguientes resultados.

Existe el plan de seguridad informática, el cual establece una buena parte de las políticas de seguridad y control establecidas en la Resolución 127 del 2007 que fue confeccionado por el responsable de seguridad informática, que revisa mensualmente el cumplimiento de las mismas por áreas, este plan se actualiza si se produce un cambio tecnológico o se presenta una nueva amenaza eminente que no admite espera.

En los informes de auditoría externas se pueden apreciar el planteamiento de irregularidades referidos sobre todo al trabajo con la red, pues no existe un administrador de la misma, y el informático además de sus funciones debe de atender esta otra actividad, la cual no domina, ni cuenta con el tiempo suficiente para los monitoreos y demás políticas de seguridad. No se le han practicado auditorías internas a la actividad, las externas siempre han sido específicas a algún área funcional.

Otra de las técnicas empíricas empleadas fue la Observación o inspección de campo. En esta actividad participaron el Director Contable Financiero, el Director de Capital Humano. Se realizó la misma en cada una de las áreas de la unidad, incluyendo todas las instalaciones, equipos, mobiliario, entre otros.

Los resultados fueron los siguientes:

Se pudo constatar que independientemente que aparecen en el Plan de Seguridad Informática no están implementados los mecanismos de seguridad de los cuales deben estar provistas las redes, se denota problemas de comunicación a la hora de reportar los incidentes de seguridad a todos los niveles, aparentemente por desconocimiento de los mecanismos a utilizar para ellos, de forma general se pudo observar que se cumple con las políticas de seguridad de acceso tanto lógicas como físicas, pero independientemente de eso si instalan o utilizan algunas computadoras sin la debida autorización, está actualizado el antivirus que utilizan.

Las instalaciones en los momentos actuales están en buen estado físico al ser reparadas tras el paso de los últimos huracanes, pero al ser construcciones antiguas en su interior se aprecia algunos deterioros, todas las oficinas cuentan con equipos de climatización y todas las computadoras poseen estabilizadores de voltaje, no existiendo aterramiento.

Todas las computadoras están inventariadas, por componente y está definido sus responsables.

El estado técnico de los equipos, es bueno partiendo de que la tecnología utilizada ha sido modernizada en los últimos años, pero la capacidad productiva real y tecnología es insuficiente para el número de producciones que se realizan.

Los niveles de informatización son altos, no quedan muchos procesos por automatizar, los sistemas contables utilizan el sistema XXXX, producido por XXX.SA, en estos momentos no existe ningún software en producción en la corporación, pero se pudo observar que en otros momentos si se han desarrollado. El nivel de centralización de la actividad informática, preocupa, pues toda la actividad la rectorea el informático, sin tener elementos que contribuyan a establecer una contrapartida a la actividad.

En la medida en que se avanza en la investigación, se manifiesta que la resolución del reglamento de seguridad informática no es suficiente para implementar una eficiente seguridad en esta actividad pues no propone, normas ni procedimientos a seguir para poder evaluar la misma, tan propensa en esos momentos a hechos delictivos o de corrupción., además se comprobó que es muy difícil evaluar la misma de forma más integral sin un documento que sirva de ayuda y guía para aquella persona que no sea especialista, por su amplitud y especificidades técnicas, para así poder prever a tiempo cualquier situación delictiva.

Podemos concluir el diagnóstico planteando que pese a que en la organización investigada cuenta con auditores internos de gestión de la validez los mismos deben extender su trabajo de evaluación, fiscalización y asesoramiento a todas las sucursales por todo el país, y dentro de sus objetivos esta el de evaluar la seguridad de la actividad informática y de la información de forma general, y además de que cada una de las unidades debe de tener identificado y nombrado al Responsable de Seguridad Informática, en casi todos los casos esta persona no cuenta con la capacidad y el conocimiento necesario para desarrollar esta actividad eficazmente, a esta situación debemos de adicionarle el inconveniente de la amplitud de los objetivos a controlar en materia de informática y la necesidad de poseer determinados conocimientos informáticos específicos en algunos de ellos.

Como pudimos comprobar anteriormente, en la unidad investigada no se ha detectado ninguna vulnerabilidad en materia de seguridad informática que pudiera indicar una actividad delictiva, pero no es menos cierto que esta situación no ha sido similar en otras sucursales de su tipo.

La actividad de seguridad informática y la integralidad de la información en una empresa, es muy amplia y llena de diferentes aristas pudiendo llegar a contar con más de 20 objetivos a controlar.

Consideramos que de haber contado los auditores de la organización con una guía de auditoría informática lo más integral posible y que tocara la mayor cantidad de objetivos posibles, muchas de las situaciones detectadas se hubiera previsto con anterioridad.

Existen innumerables guías para esta actividad, pero todas dirigidas a un punto específico dentro de la misma, para evitar los inconvenientes que pudiera traer ese nivel de especialización para nuestro auditor y demás auditores, consideramos utilizar como base para esta guía a las normas ISO las cuales han permitido homologar y consolidar las buenas prácticas, internacionalizar las soluciones y dar cobertura legal a las administraciones más renovadoras, dentro de ellas tenemos a la norma UNE-ISO/IEC 17799:2007 sobre Tecnología de la Información y código de buenas prácticas para la gestión de la seguridad de la información. Esta norma establece un conjunto de recomendaciones referidas a la política de seguridad, organización de la seguridad de los recursos humanos, seguridad física y ambiental, control de las comunicaciones y de las operaciones, control de acceso y conformidad legal, entre otras; una gran parte de estas recomendaciones se tuvieron en cuenta a la hora de estructurar esta guía, teniendo en cuenta además que estamos certificados por la ISO 9001/2008.

2.2 Guía de auditoría integral propuesta, sobre la base de norma UNE-ISO/IEC 17799:2007

Como ya hemos analizado existen muchas guías de auditorías a las tecnologías de la información, pero todas dependen de lo que se pretenda revisar o analizar, es decir del alcance y objetivo específico, no existe una guía que toque al menos los puntos fundamentales dentro de cada una de las variadas actividades a verificar dentro de las tecnologías de la información, por lo que proponemos que las actividades propias del auditor pasen por los siguientes objetivos a comprobar:

Objetivo de la propuesta: Proporcionar una guía única, que permita la implementación y desarrollo de una auditoría a las tecnologías de la información como una herramienta estratégica en la organización, de manera que su aplicación consecuente se convierta en una práctica coherente y continua, que contribuya con la formación de una cultura organizacional de apertura, aprendizaje y mejoramiento progresivo, y a una mayor estabilidad y seguridad integral de la entidad.

La terminología usada en esta propuesta ha sido escogida para que sea congruente y manejable para todos los trabajadores de la empresa. Se han evitado aquellas palabras que tienen diferentes significados en diferentes trabajos y textos sobre la administración del riesgo y se han reemplazado por palabras que pueden ser entendibles para cualquier trabajador.

Premisas para la aplicación de la guía para las tecnologías de la información:

- Capacitar a todos los dirigentes y trabajadores, en función de incrementar la cultura organizacional en el tema de seguridad informática.
- Concientización de los ejecutivos a todos los niveles de la empresa, de la importancia de la auditoría como elemento fundamental para la organización
- Concientizar a los trabajadores de las amenazas de seguridad informática a que se exponen en las funciones que realizan y los efectos que su materialización pueden causar en los resultados.
- Contar con los materiales y recursos necesarios para crear las condiciones necesarias para implementar todos los diferentes tipos de controles a la información y a la actividad informática propiamente..

Desde nuestra consideración, para realizar una buena auditoría a las tecnologías de la información es necesario evaluar el funcionamiento de los objetivos propuesto por la UNE-ISO/IEC 17799:2007:

Política de seguridad

Objetivo: Verificar si la dirección de la empresa proporciona orientación y apoyo para la seguridad informática, de acuerdo con las regulaciones y leyes pertinentes. La dirección debe haber establecido una orientación clara de la política en línea con los objetivos de trabajo y demostrar su apoyo y compromiso a la seguridad informática, publicando y manteniendo una política de seguridad en toda la organización.

Documento de política de seguridad informática:

La dirección debe aprobar, publicar y comunicar a todos los empleados y a las partes externas pertinentes, un documento con la política de seguridad informática. (Plan de Seguridad Informática) [11]

Organización de la seguridad de la información

Organización interna

Objetivo: Evaluar la gestión de la seguridad de la información, dentro de la organización. Verificar si se tiene establecido el marco de gestión para iniciar y controlar la implementación de la seguridad de la información dentro de la Organización.

Proceso de autorización para instalaciones de procesamiento de información.

Para nuevas instalaciones de procesamiento de información la empresa debe definir e implementar un proceso de autorización por parte de la dirección.

Acuerdos de confidencialidad

Objetivo de Control: Se identifican y revisan con regularidad los requisitos para los acuerdos de confidencialidad o de no-divulgación, que reflejen las necesidades de la organización para la protección de la información. Los acuerdos de confidencialidad o de no-divulgación deben tratar el requisito de proteger la información confidencial usando términos que puedan hacerse cumplir legalmente.

Contacto con grupos de interés especial

Objetivo de Control: Se deben mantener contactos apropiados con los grupos de interés especial u otros foros especializados en seguridad, así como asociaciones de profesionales.

---

[11] ISO/IEC 13335-1:2004.

Partes externas

Objetivo: Verificar la seguridad de la información de la organización y de las instalaciones de procesamiento de información a las que tienen acceso las partes externas, o que son procesadas, comunicadas o gestionadas por éstas.

La seguridad de la información de la organización y de las instalaciones de procesamiento de información no deben verse reducida por la introducción de productos o servicios de externos. **Estos elementos el auditor los tendrá en cuenta dentro de la exploración, específicamente como parte de la determinación del entorno operacional de la empresa.**

- El auditor deberá verificar los controles a cualquier tipo de acceso a las instalaciones de procesamiento de información de la organización y el procesamiento y comunicación de información por externos.

- También tendrá en cuenta la evaluación de riesgos realizada por la empresa, cuando la misma requiera trabajo con externos que pueda implicar acceso a la información de la organización y a las instalaciones de procesamiento de la información, u obtener o proveer un producto o servicio

Identificación de los riegos relacionados con partes externas

Objetivo de Control: determinar si están correctamente identificados los riesgos asociados a la información de la organización y a las instalaciones de procesamiento de la información para los procesos de negocio que involucran partes externas, y deberían implementarse controles apropiados antes de otorgar el acceso.

El auditor deberá evaluar, partiendo de la necesidad de la organización de permitir el acceso a partes externas de las instalaciones de procesamiento de información o a la información de la organización, si se realizó la evaluación de riesgos para identificar los requisitos para los controles específicos.

Las organizaciones pueden enfrentar riesgos asociados con los procesos, la gestión y la comunicación entre las organizaciones si se aplica un alto grado de contratación externa, o cuando hay varias partes externas involucradas.[12]

Gestión de activos

Responsabilidad sobre los activos

Objetivo: Evaluar la implementación de una adecuada protección sobre los activos de la organización.

Todos los activos deben tener un responsable y asignarle un propietario a cada uno de ellos.

Inventario de activos.

Objetivo de Control: Verificar si todos los activos están claramente identificados y se realiza y mantiene un inventario de los activos importantes.

Propiedad de los activos

Objetivo de Control: Verificar si toda la información y los activos asociados con las instalaciones de procesamiento de la información tienen a un propietario designado por la organización. **Acta de responsabilidad por software**

Uso aceptable de los activos

Objetivo de Control: Comprobar que están identificadas, documentadas e implementadas reglas para el uso aceptable de la información y de los activos asociados con las instalaciones de procesamiento de la información. Además se debe comprobar mediante entrevistas con todos los empleados, contratistas, y usuarios de terceras partes, la existencia de reglas para el uso

---

[12] ISO 17799

aceptable de la información y de los activos asociados con las instalaciones de procesamiento de la información

Seguridad ligada a los recursos humanos
Previo al empleo[13]

Objetivo: Comprobar que los empleados, contratistas y usuarios de terceras partes entiendan sus responsabilidades, y que son aptos para los roles para los cuales están siendo considerados, y reducir el riesgo de hurto, fraude o mal uso de las instalaciones. Las responsabilidades de seguridad deben ser tratadas antes de tomar personal en descripciones adecuadas de tareas y en términos y condiciones de empleo.

Todos los candidatos para el empleo, contratistas y usuarios de terceras partes deberían ser filtrados adecuadamente, especialmente para tareas sensibles y deberían firmar un acuerdo sobre sus roles y responsabilidades de seguridad.

Roles y responsabilidades

Objetivo de Control: Comprobar que los roles y responsabilidades de seguridad de usuarios empleados, contratistas y de terceras partes están bien definidos y documentados de acuerdo con la política de seguridad de la información de la organización.

Términos y condiciones de empleo

Objetivo de Control: Comprobar que parte de su obligación contractual, los empleados, contratistas y usuarios de terceras partes acordaron y firmaron los términos y condiciones de su contrato de empleo, el cual debe declarar las

---

[13] La palabra "empleo" se utiliza aquí para cubrir todas las diferentes situaciones siguientes: empleo de personas (temporales o a largo plazo), nombramiento de roles de trabajo, cambio de roles de trabajo, asignaciones de contratistas, y la terminación de cualquiera de estos acuerdos.

responsabilidades de él y de la organización para la seguridad de la información.

Concientización, educación y formación en seguridad de la información.
Objetivo de Control: Comprobar que todos los empleados de la organización y, donde sea relevante, contratistas y usuarios de terceras partes recibieron formación adecuada en concientización y actualizaciones regulares en políticas y procedimientos organizacionales, relevantes para su función laboral
Seguridad del equipamiento
Objetivo: Prevenir pérdidas, daños, hurtos o comprometer los activos así como la interrupción de las actividades de la organización. El equipo debería protegerse contra las amenazas físicas y ambientales. Es necesaria la protección del equipamiento (incluyendo aquel utilizado fuera del local y la eliminación de la propiedad) para reducir el riesgo de accesos no autorizados a la información y para protegerlo contra pérdidas o daños.

Ubicación y protección del equipamiento.
Objetivo de Control: Verificar que el equipamiento este bien ubicado y protegido para reducir los riesgos ocasionados por amenazas y peligros ambientales, y oportunidades de acceso no autorizado.

Protección contra código malicioso y código móvil
Objetivo: Evaluar las precauciones tomadas por la organización para prevenir y detectar la introducción de código malicioso y código móvil no autorizado. El software y las instalaciones de procesamiento de información son vulnerables a la introducción de código malicioso como virus informáticos, gusanos de la red, caballos de Troya y bombas lógicas. Los usuarios deben conocer los peligros que pueden ocasionar el código malicioso y el código

móvil no autorizado. Los responsables deben, cuando sea apropiado, introducir controles para prevenir, detectar y remover el código malicioso y controlar el código móvil.

Controles contra código malicioso.

Objetivo de Control: Comprobar la efectividad de la implantación de los controles de detección, prevención y recuperación para protegerse contra códigos maliciosos, junto a procedimientos adecuados para concientizar a los usuarios.

Respaldo

Objetivo: Comprobar la integridad y disponibilidad de la información y de las instalaciones de procesamiento de la información.

Respaldo de la información

Objetivo de Control: Verificar si se realizan regularmente copias de seguridad de la información y del software y probarse regularmente acorde con la política de respaldo.

1. Gestión de la seguridad de red

Objetivo: Verificar la protección de la información en redes y la protección de la infraestructura de soporte. La gestión segura de las redes, las cuales pueden sobrepasar las fronteras de la organización, requiere la consideración cuidadosa del flujo de datos, las implicaciones legales, el seguimiento y la protección.

Seguridad de los servicios de red

Objetivo de Control: Las características de la seguridad, los niveles del servicio, y los requisitos de la gestión de todos los servicios de red deben encontrarse identificados e incluir en cualquier acuerdo de servicios de red.

Los servicios de red incluyen la provisión de conexiones, los servicios de red privados, y las redes con valor agregado, así como soluciones de seguridad para la red tales como cortafuegos (firewalls) y sistemas de detección de intrusos.

Manejo de los medios

Objetivo: Evitar divulgación no autorizada, modificación, borrado o destrucción de los activos e interrupción de las actividades del negocio.

El auditor haciendo uso de las técnicas de recopilación de información debe determinar si los medios se controlan y protegen físicamente, así como también debe de solicitar los procedimientos operativos adecuados para proteger los documentos, medios informáticos (discos, cintas, etc.), datos de entrada o salida y documentación del sistema contra daño, borrado y acceso no autorizado.

Gestión de los medios removibles.

Objetivo de Control: Se debe comprobar la existencia de mecanismos para la gestión de los medios removibles.

Procedimientos para el manejo de la información.

Objetivo de Control: Comprobar que se tienen establecidos procedimientos de utilización y almacenamiento de la información para protegerla de su mal uso o divulgación no autorizada.

Mensajería electrónica

Objetivo de Control: La información contenida en la mensajería electrónica debe estar apropiadamente protegida.

La mensajería electrónica, como el correo electrónico, intercambio electrónico de datos (EDI), y mensajería instantánea juegue un rol cada vez más importante en las comunicaciones del negocio. La mensajería electrónica tiene diferentes riesgos que las comunicaciones en base a papel.

Control de acceso

Requisitos de negocio para el control de acceso

Objetivo: Controlar el acceso a la información. Los accesos a la información, a las instalaciones de procesamiento de la información y a procesos del negocio deberían ser controlados sobre la base de requisitos de negocio y seguridad. Las reglas para el control del acceso deberían tener en cuenta las políticas de distribución y autorización de la información.

Política de Control de Acceso.

Objetivo de Control: La política de control de acceso debe establecerse, documentarse y revisarse, en base a los requisitos de la organización o y seguridad para el acceso.

Gestión del acceso de usuarios

Objetivo: Evaluar el acceso de usuarios autorizados y prevenir el acceso no autorizado a los sistemas de información. Deben existir procedimientos formales para controlar la asignación de derechos de acceso a los sistemas de información y a los servicios.

Registro de usuarios.

Objetivo de Control: Debe existir un procedimiento formal de registro y cancelación de registro para otorgar y revocar los accesos a todos los servicios y sistemas de información.

Gestión de privilegios

Objetivo de Control: Deben restringirse y controlarse la asignación y uso de privilegios. Los sistemas multiusuario que requieren protección contra accesos no autorizados deben tener la asignación de privilegios controlada a través de procedimientos formales de autorización.

Gestión de contraseñas del usuario

Objetivo de Control: La asignación de contraseñas debería controlarse a través de un proceso formal de gestión.

Revisión de derechos de acceso de usuario

Objetivo de Control: La dirección debe revisar los derechos de acceso de los usuarios a intervalos regulares utilizando un proceso formal.

Información adicional: Es necesario revisar los derechos de acceso de usuarios regularmente para mantener un control de acceso efectivo sobre el acceso a los datos y servicios de información.

Uso de Contraseña

Objetivo de Control: Debe exigirse a los usuarios el cumplimiento de buenas prácticas de seguridad en la selección y el uso de contraseñas.

Equipamiento desatendido por el usuario

Objetivo de Control: Los usuarios deben asegurar que los equipos desatendidos tienen la protección apropiada. Todos los usuarios deberían ser advertidos de los requisitos y procedimientos de seguridad para proteger equipamiento desatendido, así como de su responsabilidad de implementar tal protección.

Control de acceso a la red

Objetivo: Prevenir el acceso no autorizado a los servicios en red. Se debe controlar el acceso a los servicios en red, tanto internos como externos. El acceso de los usuarios a las redes y a los servicios de red no deben comprometer la seguridad de los servicios de red.

Políticas sobre el uso de servicios en red

Objetivo de Control: Los usuarios sólo deberían tener acceso a los servicios para cuyo uso están específicamente autorizados.

Control de acceso al sistema operativo

Objetivo: Evitar el acceso no autorizado a los sistemas operativos. Se recomienda utilizar medios de seguridad para restringir el acceso de usuarios no autorizados a los sistemas operativos.

Procedimientos de conexión (log-on) seguros.

Objetivo de Control: El acceso a los sistemas operativos debe ser controlado mediante procedimientos de conexión (log-on) seguros. El procedimiento para conectarse a un sistema operativo debe ser diseñado para minimizar la oportunidad de acceso no autorizado. Por lo tanto, el proceso de conexión (log-on) debe divulgar el mínimo de información sobre el sistema, de manera de evitar proveer a un usuario no autorizado con asistencia innecesaria.

Control del acceso a las aplicaciones y a la información

Objetivo: Evitar el acceso no autorizado a la información contenida en los sistemas de aplicación. Se deben usar medios de seguridad para restringir el acceso a los sistemas de aplicación. El acceso lógico al software de aplicación y a la información se debería restringir a usuarios autorizados.

Restricciones del acceso a la información

Objetivo de Control: El acceso a información y funciones de sistema de aplicación por parte de usuarios y personal de soporte debe estar restringido de acuerdo a la política definida de control de acceso. Las restricciones al acceso deberían estar basadas en los requisitos de la aplicación de negocios individual. La política de control de acceso debería también ser consistente con la política de acceso organizacional

Adquisición, desarrollo y mantenimiento de los sistemas de información

Requisitos de seguridad de los sistemas de información

Objetivo: Asegurar que la seguridad es parte integral de los sistemas de información.

Análisis y especificación de los requisitos de seguridad

Objetivo de Control: Las declaraciones de requisitos de la organización para nuevos sistemas de información, o mejoras a sistemas de información existentes debe especificar los requisitos para controles de seguridad.

Procesamiento correcto en las aplicaciones

Objetivo: Prevenir errores, pérdida, modificación no autorizada o mal uso de información en aplicaciones.

Validación de datos de entrada

Objetivo de Control: Los datos de entrada a aplicaciones deben ser validados para asegurar que estos datos son los correctos y apropiados.

Control de procesamiento interno

Objetivo de Control: Las comprobaciones de validación deben ser incorporadas en las aplicaciones para descubrir cualquier corrupción de información por errores de procesamiento o actos deliberados.

Validación de los datos de salida

Objetivo de Control: La salida de datos de una aplicación debe ser validada para asegurar que el procesamiento de la información almacenada es correcto y apropiado a las circunstancias.

Controles criptográficos

Objetivo: Proteger la confidencialidad, autenticidad o integridad de información por medios criptográficos. Debería existir una política sobre el empleo de controles criptográficos y una gestión de claves para dar soporte al empelo de técnicas criptográficas.

Política sobre el empleo de controles criptográficos.

Objetivo de Control: Debe ser desarrollada e implementada una política sobre el empleo de controles criptográficos para la protección de información.

Gestión de claves

Objetivo de Control: Debe establecerse la gestión de claves para apoyar el uso de técnicas criptográficas en la organización. [14]

Seguridad de los archivos del sistema

Objetivo: Garantizar la seguridad de los archivos del sistema.

El acceso a archivos del sistema y el código original de programa debería ser controlado, y los proyectos de tecnología de la información y las actividades de apoyo conducidas en una manera segura. Debería tomarse el cuidado para evitar la exposición de datos sensibles en ambientes de prueba.

Control de software en producción

Objetivo de Control: Debe haber procedimientos para controlar la instalación de software sobre sistemas en producción.

Control de acceso al código de programas fuente.

Objetivo de Control: El acceso al código de programas fuente debe ser restringido.

El acceso al código de programas fuente y artículos asociados deben ser estrictamente controlado, para prevenir la introducción de funcionalidad no autorizada y evitar cambios involuntarios. Para el código de programas fuente, esto puede alcanzarse por el almacenamiento centralizado, controlado de tal código, preferentemente en bibliotecas de programas fuente. Las directrices siguientes deben ser consideradas para controlar el acceso a tales bibliotecas

---

[14] ISO/IEC 11770

de programas fuente y para reducir el potencial de corrupción de programas del computador.

Seguridad en los procesos de desarrollo y soporte

Objetivo: Mantener la seguridad del software de aplicación e información.

Los proyectos y ambientes de soporte deben controlarse estrictamente. Los responsables de sistemas de aplicación también deberían ser responsables de la seguridad del proyecto o ambiente de soporte. Ellos deben asegurar que todos los cambios propuestos en el sistema se revisen para comprobar que no ponen en peligro la seguridad del sistema ni del ambiente de producción.

Procedimientos de control de cambio

Objetivo de Control: La implementación de cambios debe controlarse mediante el empleo de procedimientos formales de control de cambio.

Revisión técnica de aplicaciones después de cambios del sistema operativo

Objetivo de Control: Cuando los sistemas operativos son cambiados, las aplicaciones críticas deben ser revisadas y probadas para asegurar que no hay ningún impacto adverso sobre las operaciones o seguridad de la organización.

Fuga de Información

Objetivo de Control: Deberían prevenirse las oportunidades para la fuga de la información.[15]

Gestión de incidentes de la seguridad de la información

Reporte de debilidades y eventos de seguridad de la información

---

[15] ISO/IEC 15408

Objetivo: Asegurar que las debilidades y eventos de seguridad de la información asociados a sistemas de información son comunicados de manera de permitir tomar acciones correctivas a tiempo.

Objetivo de Control: Deben establecerse procedimientos formales de reporte y escalamiento de eventos. Todos los empleados, contratistas y usuarios de terceras partes deben ser puestos al tanto de los procedimientos para reportar los diversos tipos de acontecimientos y debilidades que puedan tener un impacto en la seguridad de activos de la organización. A ellos se les debe exigir reportar cualquier evento o debilidad de seguridad de la información lo más rápidamente posible al punto designado de contacto.

Reportando eventos de seguridad de la información

Objetivo de Control: Los eventos de seguridad de la información deben ser reportados a través de los canales apropiados de gestión tan pronto como sea posible. [16]

Objetivo: Asegurar que un enfoque constante y eficaz se aplica a la gestión de los incidentes de seguridad de la información.

Objetivo de Control: Deben establecerse responsabilidades y procedimientos para manejar eventos y debilidades de seguridad de la información con eficacia una vez que se hayan reportado. Un proceso de mejora continua debe aplicarse a la respuesta para la supervisión, evaluación, y gestión general de incidentes de seguridad de la información. Cuando se requiera evidencia, la misma debería ser recogida asegurando conformidad con requisitos legales.

Responsabilidades y procedimientos

---

[16] ISO/IEC TR 18044.

Objetivo de Control: Deberían establecerse las responsabilidades y los procedimientos de gestión para asegurar una respuesta rápida, eficaz, y ordenada a los incidentes de seguridad de la información.

Como parte de la ejecución de este cuestionario el auditor deberá de pedir lo siguientes documentos según proceda.

1. Plan de Seguridad Informática.

La guía metodológica se muestra en el **Anexo**, la misma propone diferentes criterio de evaluación de su cumplimiento desde muy mal, hasta excelente, teniendo en cuenta lo establecido en las políticas de calidad, la evolución se otorgará a partir de las técnicas de recopilación de información y las propias de auditoría.

Conclusiones

1. Actualmente se hace imprescindible para la actividad de auditoría y de informática contar con una guía basada en las normas de calidad.

2. La actividad de seguridad informática y la integralidad de la gestión de la información en una empresa, es muy amplia y llena de diferentes aristas pudiendo llegar a contar con más de 20 objetivos a controlar.

3. La decisión de integrar la seguridad informática al sistema de gestión de la calidad, así como el empeño de nuestro gobierno en la lucha contra la corrupción y la ilegalidad se hace necesario el uso de una guía de auditoría que es lo propuesto en este artículo.

Bibliografía

1- Amoroso Fernández, Yarina. *"El Delito Informático"*, Conferencia Magistral Diplomado de Criminalística, Ciudad Habana, 2002.

2- *Auditoría y Control, Revista,* Vol. 1 No. 2, Edición Especial, 2000.

3- *Auditoría y Control, Revista,* Vol. 1 No. 3, Edición Especial, 2001.

4- *Auditoría y Control, Revista*, Número 6, Agosto 2002.

5- *Auditoría y Control, Revista*, Número 7, Diciembre 2002.

6- Ministerio de la Informática y las comunicaciones, Resolución 127 del 2007.

7- UNE-ISO/IEC 17799:2007.

ANEXO

Guía de control. (Muestra)

Política de seguridad (Resolución 127 del 2007, MIC)	50 % Muy Mal	60 % Mal	70 % Bien	80 % Muy Bien	90 % Excelente
Está establecido en el Plan de Seguridad Informática el compromiso de la Dirección y el enfoque de la organización para gestionar la seguridad de la información.					
Esta definida la seguridad de la información, sus objetivos y alcance generales					
Están determinados los objetivos de control y controles, incluyendo la estructura de la evaluación del riesgo y gestión del riesgo					
El plan de Seguridad Informática cumple con los requisitos legislativos, reguladores y contractuales requisitos de educación, establece los requisitos de formación y concientización en materia de seguridad; tiene establecido los procedimientos de gestión de la información que posibilite de la continuidad del negocio; y las consecuencias de las violaciones a la política de seguridad de la información.					

Están definidas las responsabilidades generales y específicas en materia de gestión de la seguridad informática según lo establecido por la Resolución 127 del 2007 del Ministerio de la Informática y las Comunicaciones.				
El Plan de Seguridad Informática cuenta con las referencias a la documentación que pueda sustentar la políticas de seguridad ; por ejemplo, Procedimiento de Salva de la Información, procedimientos de adquisición e implementación de Software tanto operativos como de aplicación, procedimientos para el mantenimiento y reparación de la tecnología, procedimiento para el traslado de recursos informático y otros que considere necesario la dirección de le empresa, los mismos estarán mucho más detallados para sistemas de información específicos o las reglas de seguridad que los usuarios deberían cumplir.				
Todas estas políticas son del conocimiento de todos los usuarios de la organización y que se les comunica de manera pertinente, accesible y comprensible.				

Datos de las autoras.

Yamilet Mirabal Sarria.

Profesora de la Universidad Hermanos Saiz Montes de Oca, en el Departamento Contabilidad y Finanzas.

Correo. yamim@eco.upr.edu.cu

Dirección particular:

Edificio 21 apartamento 1, Paso Quemado, Los Palacios Pinar del Río, Cuba.

María Isabel Maragoto Maragoto.

Dirección particular:

Antonio Guiteras No.121

entre Ceferino Fernández y Celso Maragoto

Municipio: Pinar del Río

Provincia: Pinar del Río

CP: 20100

Cuba.

Correo. eniap1@vega.inf.cu

Especialista "B" en Ciencias Informática.

Especialista de Cuadro.

Auditor Interno de Gestión.

Especialista de Prevención y Control Interno.

Profesora a tiempo parcial de la UPR.

Mi trabajo en estos momentos: Especialista Principal en Gestión Económica de la Unidad de Investigaciones para la Construcción de Pinar del Río perteneciente a la Empresa Nacional de Investigaciones para la Construcción, del Ministerio de la Construcción.

www.ingramcontent.com/pod-product-compliance
Lightning Source LLC
LaVergne TN
LVHW042347060326
832902LV00006B/453